AF338979

ÉRECTION

D'UN MONUMENT

SUR LA TOMBE

DE M. CHARLES PICHAT

PAR LES FONCTIONNAIRES ET LES ÉLÈVES

DE L'ÉCOLE DE LA SAULSAIE.

Circulaire. — Liste des Souscripteurs. Inauguration du Monument.

BOURG,

IMPRIMERIE DE FRÉDÉRIC DUFOUR.

—

1865.

La Saulsaie, 20 juin 1865.

Monsieur ,

La Commission nommée par MM. les Souscripteurs au
monument à élever à la mémoire de M. Pichat, ancien
directeur de la Saulsaie, a l'honneur de vous rendre compte
de la mission qui lui a été confiée.

Dans sa première séance, la Commission a décidé que
les fonds souscrits seraient employés à faire le buste en
marbre de M. Pichat, et que ce buste serait placé sur une
colonne en pierre élevée sur sa tombe, dans le cimetière
de Bourg.

Les plans de ce monument avaient été faits par feu
M. Gariat. Son exécution a été confiée à M. Robert, sculpteur à Lyon, qui a dû reproduire les traits de M. Pichat
d'après une photographie. — Ce travail a été suivi par
plusieurs membres de la Commission pour s'assurer de
la ressemblance du buste. Il n'a été terminé qu'au mois
de mai.

Ainsi que nous vous l'avons annoncé par un avis daté
du 20 mai dernier, l'inauguration de ce monument avait
été fixée au 3 juin. — Elle a été faite à la date indiquée.
Un grand nombre d'anciens élèves, ainsi que plusieurs
personnes notables de Bourg, se sont joints à la Commission et aux élèves présents à l'Ecole, pour rendre en ce
jour un dernier hommage public à M. Pichat.

Le président de la Commission, M. Lœuilliet, directeur
actuel de la Saulsaie, a pris la parole pour indiquer le
but de la cérémonie et pour rappeler encore une fois les
mérites et les qualités de son prédécesseur.

M. Lavenir, au nom des anciens élèves, et M. Wolff, au
nom des élèves présents à l'Ecole, se sont ensuite faits les
interprètes de tous leurs camarades.

Enfin, M. Carrel, curé de Bourg, qui avait été prié
par la Commission de vouloir bien dire une messe com-
mémorative pour M. Pichat, avec lequel il était lié depuis
longtemps, a prononcé une allocution remarquable dont
la Commission le remercie en son nom et au nom de
l'Ecole tout entière.

La Commission a décidé que les discours de MM. Lœuilliet, Lavenir et Wolff seraient imprimés et adressés à
MM. les Souscripteurs; elle regrette de ne pouvoir joindre
à ces discours qu'une analyse succincte de l'improvisation
de M. Carrel. M. Dufour, membre du Conseil général et
directeur du *Courrier de l'Ain,* un des nombreux amis de
M. Pichat, voulant s'associer à l'hommage que l'Ecole a
rendu à son ancien Directeur, a proposé à la Commission
d'imprimer à ses frais les différentes pièces relatives à la
souscription et à l'inauguration. — Cette proposition, qui
honore tout à la fois M. Dufour et M. Pichat, a été acceptée
avec reconnaissance par la Commission.

Vous recevrez, en même temps que cette lettre, les
différentes pièces dont il vient d'être question, savoir :

La liste de souscription ;

Le compte rendu de l'emploi des fonds souscrits ;

Les discours prononcés à l'inauguration du monument
et autres détails relatifs à cette cérémonie.

Recevez, Monsieur, l'assurance de notre parfaite consi-
dération.

Le Président de la Commission,

LŒUILLIET.

Le Secrétaire,

B. CHABANEIX.

LISTE DE SOUSCRIPTION.

Fonctionnaires.

MM. Loeuilliet, Directeur de l'Ecole........... 100 f.

Pouriau, Sous-Directeur............... 25

Ecochard, Aumônier.................... 20

Laurent, ancien aumônier, curé à St-Trivier-
  sur-Moignans........................ 5

Bourgeaud, agent comptable........... 25

Blin, ancien agent comptable, inspecteur de
  la Compagnie d'assurances générales, à
  Paris............................... 20

Durand, économe...................... 6

Maygrier, commis de direction......... 10

Dantin, commis de comptabilité........ 10

Durand, professeur de sylviculture...... 25

Kérolle, ancien professeur de génie rural,
  receveur particulier à St-Yrieix (H^{te}-Vienne) 20

Moszinski, ancien répétiteur de chimie, en
  Pologne............................. 10

Delacly, surveillant 6

Verrier, jardinier-chef................ 10

Monvenoux, médecin de l'Ecole......... 40

Nallier, vétérinaire   id.......... 10

Elèves.

MM. Alevêque, à Matour (Saône-et-Loire)......   40 f.

Argentier, élève à la Saulsaie...........   5

Arlès-Dufour (Alphonse), à Lyon........   20

Augier (Paul), chef des cultures à la Saulsaie.   10

Avout (d'), stagiaire à la ferme-école de Montceau (Saône-et-Loire)..............   10

Bavre, au Sardon, par Rive-de-Gier (Loire).   20

Bec (de), à la ferme-école de la Monteauronne (Bouches-du-Rhône)..............   25

Beaubernard, aux Oiseaux, par Montceaux-les-Mines (Saône-et-Loire)..............   5

Berger, à Chabeuil (Drôme)   20

Bernachez, à Dion, par Dompierre-sur-Bèbre (Allier)........................   20

Bianchi, élève, à la Saulsaie...........   5

Buffet, stagiaire à Vellexon, par Fresnes-St-Mamès (Haute-Saône)...............   10

Bugnon, à St-Prex (Suisse)..............   20

Capelle, à Théolier, par Chabeuil (Drôme).   10

Carrot, à Gléné, par Lapalisse (Allier)....   10

Cavrier, au Grand-Abbergement, par Brénod (Ain)........................   20

Chabaneix, professeur à la Saulsaie.......   50

Champeaux (de), au château de Curgy, par Autun (Saône-et-Loire)...............   20

Clouet, à Villaines-en-Duesmois, par Baigneux-les-Juifs (Côte-d'Or)............   10

Coste, régisseur au château de la Verrière, par le Luc (Var)   20

Crevat, à Loyettes, par Lagnieu (Ain)....   10

MM. Cunisset, à Pouilly-en-Auxois (Côte-d'Or).. 10 f.
Denamiel, à Millas (Pyrénées-Orientales)... 20
Déplanche, fermier à St-Paul-de-Varax (Ain). 20
Denoux, à Montaigu, par St-Amand-Mon-
trond (Cher).......................... 15
Deron, à l'île de Gorée (Sénégal) 15
Dijon, élève à la Saulsaie 20
Ducrot, répétiteur à la Saulsaie 50
Dufour, stagiaire à la ferme-école de Pont-
de-Veyle (Ain)........................ 5
Durand, répétiteur à Grignon, par Neauphle-
le-Château (Seine-et-Oise).............. 20
Faucompré, stagiaire chez M. Monot, à la
Chevillotte (Doubs).................... 20
Faucompré (Etienne), à Besançon......... 5
Félix, à Bellegarde, par Beaucaire (Gard). 10
Fournat de Brézeneaud, à Quintenas, par
Annonay (Ardèche).................... 50
Fropier, à Salornay, par Cluny (Saône-et-
Loire)............................... 25
Gariot, à Chazey-d'Azergues (Rhône)...... 100
Garrigues, sous-directeur à la ferme-école
de Tolou, par Pau (Basses-Pyrénées).... 20
Geneix, à Tremouilles, par Champ-de-Bort
(Cantal).............................. 5
Godinet, à Pincourt, par Nogent-le-Roi
(Haute-Marne)........................ 10
Jaffeux-Vazeille, à Aubiat, par Aigueperse
(Puy-de-Dôme)....................... 5
Jeannenot, professeur à la Saulsaie...... 25
Jerphanion (de), 28, place Louis-le-Grand,
à Lyon 60

MM. LAVENIR, à Bourg (boulevard Bourgneuf, 4).   20 f.

LÉOUZON, à Loriol (Drôme).............   50

LIABEUF, élève à la Saulsaie...........   5

MATTE, à Meschaïda, par El-Arrouck, province de Constantine (Algérie)...............   5

MÉRIEUX, stagiaire chez M. Siraudin, à Lent, par Bourg...........................   10

MERLE, au Tréffoux, par Beaulon (Allier)..   20

MERLE, à Sidi-Hameiva, par Bône (Algérie).   20

MIGNOT, répétiteur chargé de cours, à la Saulsaie............................   20

MONROZIER, élève à la Saulsaie..........   5

MONTAT-GENEVIER, à Servas, par Bourg (Ain).   10

MONTERNO (de), à Thoissey (Ain)..........   20

MOREL, à Cindré, par Jaligny (Allier).....   10

NICOLAS, professeur à l'Ecole normale, rue Pannessac, au Puy (Haute-Loire)........   5

NICOLAS (Charles), à Guébar-bou-Aoum, près Bône (Algérie).......................   20

NOVO (Edouard), à Druillat, par Pont-d'Ain (Ain)...............................   50

NOVO (Félix), à Bourg..................   50

PATRY (William), à Polliat, par Bourg (Ain).   20

PERRET, au Vachat, par St-Rambert (Ain)..   10

PIAZZA, élève à la Saulsaie.............   5

PICHAT (Auguste), régisseur au château de la Motte, par Bléneau (Yonne).........   20

PICTET, à Genève......................   25

QUEREY, régisseur à la Planche, par Gondrin (Gers)   10

RAVIER, à Champagny, par St-Gengoux-le-Royal (Saône-et-Loire).................   20

MM. RIVIÈRE, à Mornant (Rhône) .... 100 f.

SCHWARTZLIN, répétiteur à la Saulsaie...... 15

SOULIÉ, à Puycaluel (Lot)............... 5

SUCHET, médecin, avenue de Neuilly, 195,
à Neuilly (Seine)...................... 10

TALON, au château de Toury, par Dompierre
(Allier) 20

TAMISIER, à Sorges-de-la-Dordogne (Dordo-
gne)............................... 5

THÉZENAS, 3, rue Brossard, à Saint-Étienne
(Loire)............................ 5

THONIER, à Lavauvre, par Chantelle (Allier). 20

TRUCHELUT, élève à la Saulsaie.......... 5

TRUMEL,   id.   3

VERGNETTE (de), à la Fosse, par Couches-
lez-Mines (Saône-et-Loire)............. 10

WOLFF, élève à la Saulsaie............... 10

TOTAL..... 1,850 f.

EMPLOI DES FONDS SOUSCRITS.

Payé à M. Robert, sculpteur à Lyon, pour
le monument entrepris à forfait.. 1,700 f. » c.
d° à M. Barret, imprimeur à Lyon, pour
impression de circulaires........ 29 60
d° pour affranchissement des circulaires,
lettres, etc................... 14 95
d° pour une croix ajoutée après coup,
couronnes d'immortelles, etc..... 20 50
d° pour affranchissement de la liste de
souscription, compte rendu, etc.. 10 »»

Total des Dépenses...... 1,775 05

Les recettes s'élevant à 1,850 francs, il y
a un reliquat de 74 fr. 95 c. que la Commission a décidé de donner aux pauvres
de Montluel........................ 74 95

Total égal a la souscription..... 1,850 »

Le Trésorier de la Commission,

A. BOURGEAUD.

Vu et approuvé :

Le Président de la Commission,

LOEUILLIET.

CÉRÉMONIE D'INAUGURATION.-

Notre Société a ses vices et ses travers auxquels ne manquent ni les adulateurs complaisants, ni les détracteurs outrés. Il est cependant une qualité que ni les uns ni les autres ne sauraient lui enlever, c'est son respect du mérite et de la valeur personnelle, son attachement, son culte pour la mémoire des hommes qui ont pris une part active et féconde au combat de la vie, et qui ont largement prodigué au service de leur pays leur intelligence et leur cœur.

Des monuments nombreux ont été érigés à la gloire ou à l'illustration militaire; mais nous sommes particulièrement touchés de ceux qui sont érigés aux praticiens de l'art le plus modeste et le plus fécond, l'agriculture. La science de la fertilisation de la terre, celle de la sage administration du domaine rural, ces deux sources de l'amélioration du sort des populations agricoles, n'ont-elles pas droit à la reconnaissance de tous ?

Le nom de M. Pichat, l'ancien et regretté directeur de l'Ecole impériale de la Saulsaie, méritait à tous les titres de figurer sur la liste de ceux qui ont laissé une trace durable de leur passage ici-bas. A une intelligence droite, ferme et pratique, à une âme bien trempée, à des notions parfaites de l'économie rurale, au respect des maîtres en toutes choses, il unissait au plus haut degré l'amour du sol natal, de la famille, du devoir, et l'on peut dire que, durant sa trop courte carrière, il n'a pas moins honoré son pays par son loyal caractère qu'il ne l'a servi par son travail. Aussi était-il aimé, estimé de tous. Une preuve touchante de l'affection, de l'estime générale qui l'entouraient, ne nous est-elle pas donnée par l'élan spontané avec lequel ceux qui le connaissaient le mieux, ses élèves, ses collègues, ont accueilli la proposition de lui élever un buste au lieu même où il repose ? C'est un ancien élève de l'Ecole qui a eu cette noble et généreuse idée ; aussitôt tous ses camarades se la sont rendue propre en s'y associant avec le plus vif empressement. Nous devons leur en savoir gré, ainsi que de la place qu'ils ont choisie pour ce monument et la solennité dont ils ont entouré son inauguration.

C'est honorer deux fois la mémoire de ceux que nous aimons que de conformer nos hommages à leur caractère, à leurs goûts, à leur destinée. Or, nous connaissions assez M. Pichat pour dire qu'il eût été également touché du sentiment qui a inspiré ses élèves et de la manière à la fois simple et digne dont ce projet a été réalisé ; ce monument modeste, élevé sur sa tombe, cette inauguration sans apparat au milieu du cercle de parents, d'élèves, de collègues et d'amis de l'agriculture à laquelle il s'était donné tout entier, son rapprochement du tombeau érigé à M. Puvis, comme lui *dévoué à la patrie et utile aux champs*.... Oui, c'est bien ainsi que M. Pichat eut voulu être pleuré et loué.

Parlons d'abord du monument. C'est une simple colonne de pierre grise surmontée d'un buste, où le sculpteur, M. Robert, de Lyon, a su faire revivre quelques-uns des traits de cet homme si cordial et si bon. On y retrouve ce front large et intelligent, cette physionomie ouverte où débordaient, comme on l'a dit, la franchise et la loyauté. La ressemblance est plus frappante de profil que de face, et le haut de la figure nous semble mieux réussi que la partie inférieure ; tel qu'il est cependant il fait honneur à l'artiste qui n'a eu, pour se guider, qu'un portrait photographique. Au centre du chapiteau est la croix de la Légion d'honneur, digne récompense de services nombreux que rappellent les noms gravés plus bas autour de la colonne: l'Institut de Grignon où il fut tour à tour élève, répétiteur, professeur adjoint et titulaire, les bergeries de

Gevrolles et de Rambouillet, l'école de St-Angeau en Auvergne, où il a montré, comme à la Saulsaie, la puissante organisation de l'administrateur jointe à la science de l'agronome.

Au-dessous, on lit l'inscription suivante, gravée en lettres rouges :

A

VICTOR-CHARLES

PICHAT,

DIRECTEUR DE L'ÉCOLE D'AGRICULTURE DE LA SAULSAIE ,

NÉ A BOURG LE XI JUIN MDCCCXV

DÉCÉDÉ A LA SAULSAIE LE XXIII JANVIER MDCCCLXIV

SES ÉLÈVES ET COLLABORATEURS RECONNAISSANTS.

Le bas de la colonne est orné d'une couronne d'épis.

L'inauguration de ce monument a eu lieu le 3 juin. Le directeur et le sous-directeur de l'Ecole, MM. Lœuilliet et Pouriau, M. Ecochard, curé de Romanèche et aumônier de l'Ecole, MM. les professeurs, les répétiteurs et les élèves de l'établissement arrivés le matin à Bourg, se sont rendus au cimetière où se sont réunis à eux plusieurs membres de la Société d'agriculture et d'émulation de l'Ain, son président M. Rodet, son vice-président M. Chevrier, M. Mas, président de la Société d'horticulture, plusieurs agronomes, les amis et parents que M. Pichat comptait dans notre ville, tout le personnel de l'Ecole normale, élèves et maîtres.

Lorsque le buste a été dégagé du voile qui le couvrait, plusieurs allocutions ont été prononcées. — On se souvient qu'au mois de janvier 1864, sur la tombe encore entr'ouverte du défunt, MM. Lœuilliet et Mas avaient retracé les phases diverses de sa carrière agronomique, énuméré ses mérites, exposé le caractère spécial de sa méthode agricole, sagement et scientifiquement progressive. Ce tribut d'éloges et de regrets avait été assez largement payé pour qu'il ne fût pas besoin d'y revenir ; aussi ce sont surtout les qualités de l'homme privé, la supériorité de l'administrateur et du maître, qui ont été mises en relief dans les paroles dites à cette inauguration.

On remarquera leur simple et touchante brièveté, elle n'enlève rien à la signification de l'hommage, elle achève de montrer le caractère intime de la cérémonie.

M. Lœuilliet a le premier pris la parole en ces termes au milieu du silence religieux de tous :

« Messieurs, l'école de la Saulsaie, unie dans un même sentiment de respect et d'affection, a voulu consacrer par un témoignage visible et durable la mémoire de M. Pichat.

» La pensée d'un monument commémoratif appartient à un ancien élève. A cette pensée venue du cœur, le cœur de tous a répondu avec unanimité. Eh bien, Messieurs, le cœur ne vous a pas trompés, vous avez su vous honorer en rendant un noble hommage à votre ancien maître.

» Nous connaissions tous la nature intime de M. Pichat, c'était un caractère élevé, loyal ; ce fut aussi un administrateur impartial, ce fut un excellent ami.

» Comme directeur d'école, M. Pichat connaissait l'importance d'une discipline forte et paternelle. Il était sévère, mais sa bonté était extrême ; ses élèves l'aimaient et les familles appréciaient la bonne tenue et l'esprit de convenance des jeunes gens qui avaient été à l'école sous son autorité.

» Comme agriculteur, la justesse de son esprit était remarquable. En parlant de la Dombes, il disait : L'avenir du pays est magnifique, mais tout est à faire. Il faut commencer, or le commencement rationnel de la production agricole sera le brin d'herbe, et comme conséquence il créait à la Saulsaie une vaste étendue de prairies naturelles, base certaine de l'accroissement de fécondité des terres. C'est, disait-il, un moyen simple, facile, qui ne compromet rien et qui peut tout donner. Aujourd'hui ce moyen est devenu un exemple, un enseignement, et son application n'a jamais causé un seul regret à ceux qui l'ont employé. Que lui reproche-t-on : la lenteur des résultats ? A cela M. Pichat répondait victorieusement : Dans sa généralité l'agriculture a des lois qui lui sont propres ; c'est une école de labeur et de moralité; elle n'improvise pas la richesse, mais elle la fonde sûrement avec le temps et la persévérance.

» Dans ses rapports privés, M. Pichat était excellent, son affection était sincère et dévouée, et il avait de nombreux amis. Ardent, plein d'enthousiasme, son imagination ne connaissait plus d'obstacles lorsqu'il s'agissait d'obliger. Il avait surtout le don de la reconnaissance, son cœur ne savait pas oublier un bienfait.

» M. Pichat avait la conception des choses grandes, justes et bonnes. Il aurait voulu voir un lien fraternel se former entre tous les élèves de la Saulsaie. C'était un de ses vœux. Le marbre que nous inaugurons aujourd'hui et avec lequel un artiste habile a fidèlement reproduit des traits si expressifs durant la vie et maintenant immobiles et glacés par la mort, ce marbre, dis-je, résume les efforts réunis, associés, des anciens élèves inspirés par un pieux et filial souvenir; je souhaite qu'il devienne le symbole d'une association vivante, utile, féconde entre tous les élèves qui sortiront à l'avenir de la Saulsaie. »

C'est assurément une heureuse pensée que de faire sortir une association des élèves d'une manifestation aussi honorable, et de donner pour berceau à cette institution la tombe d'un maître vénéré; le cœur a toujours sa part dans les réunions agricoles, ainsi qu'on l'a dit pour M. de Gasparin.

M. Lavenir a parlé ensuite au nom des anciens élèves :

« Messieurs, permettez-moi, à mon tour, de venir au nom des anciens élèves de l'école de la Saulsaie déposer une couronne sur cette tombe, au pied du monument de notre directeur aimé, qui a laissé de si unanimes regrets.

» Une voix plus autorisée que la mienne vous a dit ce que l'agriculture devait à cet éminent agronome.

» La Dombes en particulier, si peu favorisée sous le rapport du climat et des ressources économiques, ce pays teinté en noir sur la carte du progrès, doit à l'initiative intelligente de

M. Pichat une grande partie de ses améliorations dans sa rénovation culturale.

» Je me bornerai, Messieurs, à faire ressortir en M. Pichat le savant et bienveillant directeur de l'école de la Saulsaie, le conseiller intime de nos études, dont la conversation attrayante, les connaissances variées étaient pour nous pleines de charme, et qui savait allier à une juste sévérité une sollicitude toute paternelle.

» Longtemps réunis autour de sa chaire nous avons admiré la netteté de ses appréciations, son jugement pratique de la science agricole, la sûreté de ses principes pour nous guider dans la laborieuse profession de cultivateurs que nous devions exercer selon les conditions si complexes, si variées de la culture:

» Cher maître, vos élèves ont voulu rendre à votre mémoire un témoignage de leur reconnaissance! ils ont voulu vous exprimer leurs sentiments de pieuse admiration, et sur cet humble marbre ils ont essayé de faire revivre vos traits vénérés dont ils ont conservé l'image dans leur cœur. »

M. Philippe WOLFF, élève de 3ᵉ année. s'est fait l'interprète des élèves actuels dans une allocution qui, comme toutes les autres, a été accueillie par la plus sympathique adhésion :

« Messieurs, c'est au nom des élèves actuels de la Saulsaie qui ont connu M. Pichat, que nous venons vous parler encore de celui en qui nous avons perdu à la fois un directeur et un maître, mieux que cela, un ami, un noble exemple à suivre. Il n'y a pas dix-huit mois, vous vous en souvenez, Messieurs, nous étions à cette même place devant une tombe encore ouverte où nous venions de déposer les restes mortels de M. Pichat; des paroles éloquentes nous rappelèrent alors ce qu'il avait fait dans le cours de son active carrière, et les belles qualités que tous regrettaient en lui; nous n'avons pas à les répéter. Nous étions debout, ici même; la terre retombait froidement sur un cercueil et voilait pour jamais les dépouilles terrestres de celui qui n'était plus; désormais l'inconnu pouvait fouler avec indifférence un sol muet. Mais l'homme, Messieurs, n'est pas tout poussière, et de même que l'âme du défunt s'envolait vers d'autres sphères pour y vivre éternellement, de même il laissait parmi nous un souvenir qui ne pouvait s'effacer et qui ne s'effacera jamais. Aujourd'hui nous sommes venus consacrer ce souvenir par un signe visible; remercions, Messieurs, remercions la commission qui s'est faite l'interprète de nos sentiments à tous, en veillant avec tant de sollicitude à l'exécution et à la pose de ce monument. Dès aujourd'hui l'étranger qui visitera ce lieu ne passera plus indifférent; il pourra dire : « J'ai vu la place où repose un homme de bien, un vrai pionnier de l'agriculture. »

Nous arrivons à la dernière allocution qui a été prononcée par M. CARREL, curé de Bourg, parlant au nom d'une amitié de trente années. Nous éprouvons un vif regret de ne pouvoir reproduire les paroles improvisées par notre digne pasteur. Cédant aux plus vives sollicitations, M. Carrel a bien voulu unir sa voix à celles qu'on venait d'entendre. Il ne pouvait être mieux inspiré dans cette improvisation où il a laissé parler son cœur, où les souvenirs de la jeunesse, de l'âge mûr, revenaient en foule avec une abondance familière qui en augmentait le charme. C'était là vraiment le portrait du défunt avec sa physionomie propre, sa nature si ardente et si ferme pour le bien. M. Carrel a su trouver dans sa mémoire de ces traits qui peignent un homme, et dans sa parole ces accents émus et pénétrants qui le font revivre à tous les yeux. Il l'a montré sur les bancs du collége à Belley où ils étaient condisciples, puis dans l'âge mûr, à Montluel, où ils se retrouvaient après une si longue absence, avec toutes ces qualités qui s'émoussent d'ordinaire au contact des hommes et des affaires. — « M. Pichat, a dit M. Carrel, était avant tout un homme de cœur et un homme de conviction....

» Un homme de cœur ! n'est-ce pas à cette qualité, à l'affection qu'il avait pour tous et qu'il savait inspirer à tous, élèves et collègues, n'est-ce pas à son dévouement pour son pays qu'il doit l'honneur qu'il reçoit au-delà du tombeau? Sans doute ses facultés étaient solides, son intelligence sagace, mais c'est par le cœur qu'il revit dans la mémoire de tous ; le cœur en effet n'est-il pas ce qu'il y a de plus noble, de plus élevé dans l'homme?

» M. Pichat était aussi un homme de conviction. Autant il était lent à mûrir ses pensées dans la méditation et le travail, autant il y était persévérant lorsque sa conviction était formée. Jamais on ne le vit la sacrifier à un intérêt personnel et passager. On en a bien jugé par ses appréciations sur le pays théâtre de ses travaux ; il ne dit pas ce qui devait plaire, il chercha et dit ce qui était à ses yeux la vérité... Ses convictions religieuses étaient mûries, il leur resta également fidèle.... Il les avait puisées au sein d'une famille patriarcale qui lui offrait les plus pieux exemples, et dans l'éducation reçue à Belley auprès d'un oncle chanoine et supérieur du séminaire, dont le nom est resté en vénération dans ce diocèse... Cette foi religieuse, qui l'a dirigé et fortifié dans les épreuves de la vie, l'a soutenu dans les cruelles étreintes de la mort. Plein de confiance en Dieu, dans ses promesses et dans l'immortalité de l'âme, il a vu, jeune encore, arriver la mort sans effroi, avec la ferme et calme conviction de l'homme qui retourne à Dieu, et qui retrouvera un jour dans un monde meilleur ceux qui lui sont chers, ceux à qui il dit adieu.

» Cet acte de foi dans l'immortalité, vous le renouvelez vous-mêmes aujourd'hui. Est-ce à sa cendre, à sa froide dépouille que vous rendez ces honneurs? N'est-ce pas à cette intelligence, à ce cœur épuré au sein de Dieu que s'adressent votre hommage et vos souvenirs...? Ce champ funèbre où nous sommes réunis, que d'affections, que de douleurs il nous rappelle! Mais un sentiment nous soutient et nous guide..... Ces affections vivantes ailleurs, nous attendent au seuil de l'éternité... elles nous accompagneront aux pieds du souverain juge... Réunis ici un jour, un instant dans une pensée pieuse, puis séparés bientôt pour suivre les voies assignées à chacun de nous, conservons le sentiment chrétien qui unit nos âmes... Dans cet hommage à une vie passée, puisons la consolation, la direction et les espérances qui nous rattachent à Dieu et à la vie future. Hommes de foi religieuse, agissons selon ces convictions, avec la pensée de nous retrouver tous au ciel, où la voix du prêtre vous donne le rendez-vous suprême. »

Nous avons le regret de ne pouvoir rendre complétement ni les paroles mêmes, ni l'émotion attendrie qui les a proférées, ni celle qui les a accueillies. Le directeur de l'Ecole, vivement touché, a pressé dans ses bras le digne pasteur à qui maîtres et élèves sont venus serrer la main avec une effusion qui allait jusqu'aux larmes.

Une messe dite dans la chapelle de Mlle de Buhan a clos la cérémonie.

Au sortir du cimetière, les anciens élèves se sont réunis dans le but de jeter les bases d'une société dite *Association amicale des anciens élèves de la Saulsaie.*

M. le Directeur de la Saulsaie a été nommé président honoraire, ainsi que M. Nivière, ancien directeur et fondateur de la Saulsaie.

Le bureau est constitué ainsi :

Président........ M. CHABANEIX, professeur de culture.
Vice-président ... M. JEANNENOT, professeur de génie rural.
Trésorier........ M. PATRY, agriculteur à Polliat (Ain).
Secrétaire....... M. DUCROT, répétiteur à la Saulsaie.
Vice-secrétaire.. M. LAVENIR, à Bourg.

(Extrait du COURRIER DE L'AIN *du 6 juin 1865.)*